yh 3428

Paris
1829

Schiller, Frederich von

Fridolin

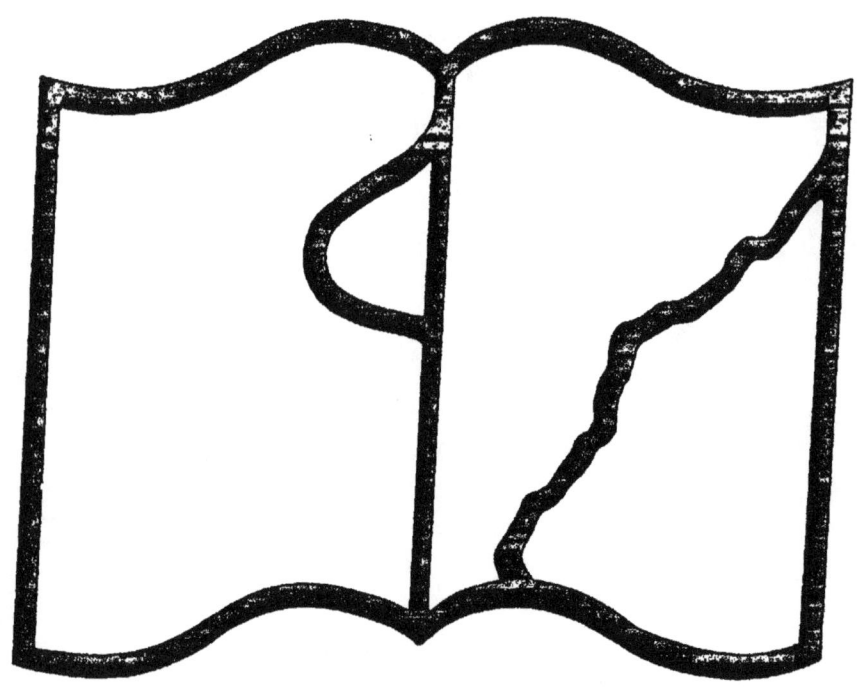

Symbole applicable
pour tout, ou partie
des documents microfilmés

Texte détérioré — reliure défectueuse

NF Z 43-120-11

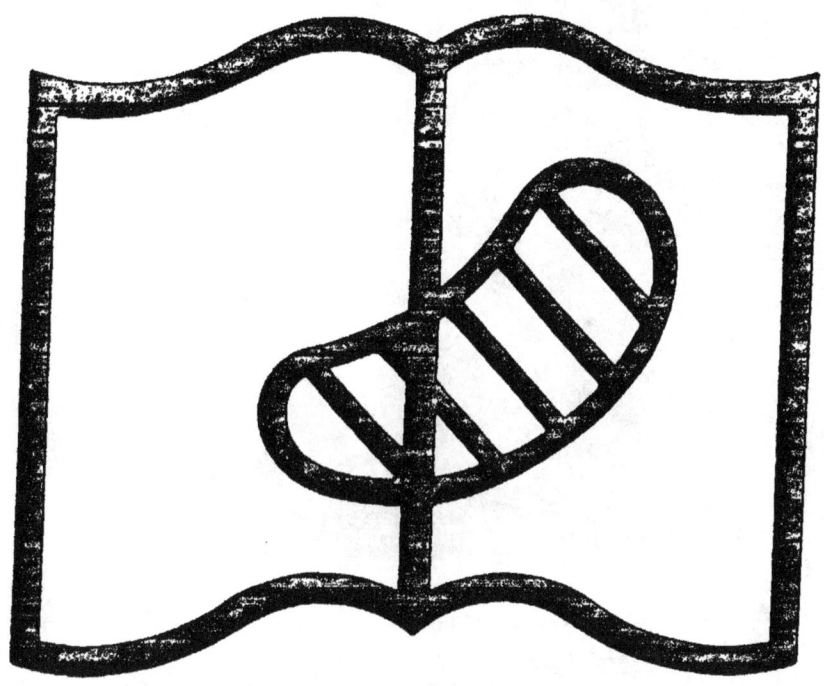

Symbole applicable
pour tout, ou partie
des documents microfilmés

Original illisible

NF Z 43-120-10

FRIDOLIN.

PARIS. — DE L'IMPRIMERIE DE RIGNOUX,
rue des Francs-Bourgeois S.-Michel, n° 8.

FRIDOLIN,

Huit Dessins de Retzsch,

AVEC
UNE TRADUCTION LITTÉRALE, ET VERS PAR VERS, DE LA BALLADE DE SCHILLER,
INTITULÉE
FRIDOLIN, ODER DER GANG NACH DEM EISENHAMMER;

*Par M*me *Elise Voïart,*
AUTEUR DES SIX AMOURS.

PARIS.

AUDOT, ÉDITEUR DU MUSÉE DE PEINTURE ET DE SCULPTURE,
RUE DES MAÇONS-SORBONNE, N° 11.

1829.

AVERTISSEMENT.

Lorsque les piquantes et spirituelles esquisses que Retzsch avait données du Faust de Goëthe eurent paru en Allemagne, elles inspirèrent aux amateurs un vif désir de voir ce talent si original s'exercer de nouveau sur un sujet également digne de lui. Ce vœu fut bientôt rempli par le respectable Cotta, qui, pour contribuer autant que possible à la gloire d'un grand poète, demanda à Retzsch une suite de dessins dont les ballades et quelques autres poésies de Schiller fourniraient le sujet.

La 1re livraison, composée de 8 planches, contient les principales scènes de la célèbre ballade intitulée : *Fridolin*, ou *le Message à la forge*. Elle méritait la préférence, en raison de son extrême popularité, puisque depuis vingt ans elle fait les délices du peuple allemand, que depuis vingt ans elle a fourni des sujets d'opéras et de tragédies à tous les théâtres, et que le célèbre C. Frédéric Wéber a joint aux vers charmans de Schiller une mélodie à la fois simple, gracieuse et touchante comme le sujet. Peut-être *Fridolin* se recommande-t-il encore à nous autres Français par un mérite particulier, celui de ne nous être pas étranger : le sujet de ce petit poëme est une vieille tradition alsacienne, qui règne encore en Lorraine et sur les bords du Rhin. Schiller l'entendit raconter à Manheim, s'en empara, et grâce à son talent elle devint en quelque sorte nationale.

Cette ballade est si répandue en Allemagne, qu'elle y compte parmi les chants populaires : les principaux acteurs de ce drame sont tellement familiers aux Allemands, que l'habile dessinateur n'a point jugé nécessaire de s'astreindre à suivre l'ordre qu'avait observé le poëte dans sa composition. Il s'est même plu à peindre des scènes que Schiller n'avait point décrites : telles que celle du retour de la chasse, où l'envieux Robert fait remarquer au comte, Fridolin s'entretenant avec la comtesse, et celle plus terrible où le traître, victime de sa propre ruse, est précipité tout vivant dans la fournaise. Dans cette scène, Retzsch a suppléé d'une manière bien expressive au silence éminemment dramatique que l'auteur avait gardé sur cette circonstance, voulant sans doute en augmenter l'effet en la livrant tout entière à l'imagination de son lecteur. Le crayon de l'artiste a justifié l'espoir du poète : il a su caractériser avec une singulière vigueur cette espèce d'êtres monstrueux, moitié hommes et moitié démons, dont *le cœur est insensible comme le fer;* création bizarre, qui joue souvent un grand rôle dans la poésie des Allemands, et qui s'offre à la pensée de leurs poètes comme le type d'une nature aussi méchante, aussi perverse que brutale.

La traduction de cette ballade, ainsi que celle du *Dragon de l'île de Rhodes*, dont la livraison suivra immédiatement celle-ci, est d'une fidélité scrupuleuse, puisque l'auteur a toujours traduit vers par vers, et que dans deux endroits seulement il a déplacé leur ordre pour obéir à la construction de la phrase française. Il craint pourtant que cette traduction ne justifie pas aux yeux de nos lecteurs l'espèce d'enthousiasme que *Fridolin* cause en Allemagne, parce que le principal mérite de cette ballade est la simplicité touchante et naïve inhérente au caractère et à l'idiome allemand. Tout le monde sait que si le sublime peut se traduire dans toutes les langues, il n'en est pas de même du naïf, à l'expression duquel la nôtre surtout se refuse. Quoi qu'il en soit, et quelque difficulté qu'offre ce nouveau système de traduction, l'auteur l'observera dans les morceaux du même écrivain qu'il se propose de publier, persuadé qu'une version littérale et exacte donne une plus juste idée d'un poète étranger que les plus élégantes interprétations.

FRIDOLIN,

BALLADE DE SCHILLER.

C'était un pieux serviteur que Fridolin,
Élevé dans la crainte de Dieu
Par sa dame et maîtresse,
La comtesse de Saverne.
Elle était si douce, elle était si bonne !
Mais eût-elle eu les caprices de l'orgueil,
Il se fût efforcé de les satisfaire
Avec joie et pour l'amour de Dieu.

I.

Dès les premières lueurs de l'aube,
Jusque bien avant dans la nuit,
Il ne vivait que pour son service,
Et croyait n'en faire jamais assez;
Et si la dame lui disait : Repose-toi, Fridolin,
Aussitôt ses yeux devenaient humides,
Car il eût pensé mal remplir son devoir
S'il l'eût rempli sans peine.

Aussi, devant toute sa maison,
La comtesse le louait,
Et de sa belle bouche coulait
Un intarissable éloge.
Elle ne le considérait pas comme un serviteur :
Son cœur lui accordait les droits d'un fils;
Et ses regards sereins s'attachaient
Avec plaisir sur les traits gracieux du jeune page.

Ces faveurs allumèrent dans le sein de Robert,
Le chasseur, la haine empoisonnée,
Qui depuis long-temps gonflait
Cette âme noire et pleine d'envie de nuire.
Et un jour que le comte revenait de la chasse,
Il se rapprocha de lui, et vite au fait,
Suivant les pernicieux conseils du tentateur,
Il jeta dans le cœur de son maître les semences du soupçon.

« Que vous êtes heureux, noble comte!
Dit-il avec perfidie :
La dent empoisonnée du doute
Ne vous ravit pas le doux sommeil ;
Car vous possédez une noble épouse.
La pudeur ceint son chaste corps ;
Et, pour flétrir une telle vertu,
Le tentateur même n'y parviendrait point. »

Ici le comte fronça ses noirs sourcils.
« Que veux-tu dire drôle ?...
Compterais-je sur la vertu des femmes,
Variable comme les vagues,
Et que si facilement la voix du flatteur séduit ?
Non ! ma foi repose sur de plus solides fondemens ;
Et il est encore loin, je l'espère,
Le séducteur de la femme du comte de Saverne !... »

L'autre repartit : « Et vous avez bien raison.
Il ne mérite que mépris
L'insensé qui, né vassal,
S'enhardit à tel point
Que d'élever jusqu'à sa dame et maîtresse
Le vœu audacieux de sa convoitise... »
« Quoi ! interrompit le comte en frémissant,
Parles-tu de quelqu'un du château ?... »

« Oui, certes ! Ce qui remplit toutes les bouches
Échappe-t-il à mon seigneur?
Au reste, comme cela se cache avec soin,
Je le tairais volontiers... »
« Tu es mort! misérable! parle!
S'écria le comte d'une voix sévère et terrible;
Qui ose lever les yeux sur Kunégonde?... »
« Eh mais, je parle du blondin...

Il n'est pas mal tourné,
Continua-t-il avec astuce,
Tandis que le comte, tour à tour brûlant et glacé,
Tressaillait à chaque parole.
Mais quoi! mon seigneur? et ne vîtes-vous jamais
Qu'il n'avait des yeux que pour elle?
A table n'avez-vous pas remarqué vous-même
Comme il se pâmait, collé contre son siége?

Et si vous voyiez les vers qu'il compose,
Et où il avoue sa flamme!... » —
« Avoue?... » — « Et dans lesquels l'audacieux
Ose demander du retour...
La noble comtesse, douce et tendre,
Vous les cache, sans doute, par compassion.
Je me repends maintenant de ce qui m'est échappé;
Car en effet, mon seigneur, qu'avez-vous à redouter?... »

Le comte, enflammé de fureur,
S'enfonça dans le bois voisin,
Où, dans de hauts et brûlans fourneaux,
On fondait le fer de ses mines.
Là le feu s'entretient nuit et jour
Par la main active des forgerons;
Les étincelles jaillissent, les soufflets s'agitent,
Comme s'il s'agissait de vitrifier les rochers.

Les puissances du feu et de l'eau
Se trouvent ici réunies ;
La roue du moulin, emportée par le courant,
Tourne perpétuellement sur elle-même ;
Les bruyans claquets frappent nuit et jour,
Les lourds marteaux tombent en cadence,
Et, docile à cette action puissante,
Le fer est forcé de s'amollir.

Le comte aperçoit deux noirs forgerons ;
Il fait signe et leur dit :
« Le premier que j'enverrai ici,
Et qui vous dira ces paroles :
Avez-vous exécuté l'ordre du maître ?
Jetez-le-moi aussitôt dans cet enfer,
Qu'il soit réduit en cendres,
Et que mes yeux ne le revoient jamais. »

A ces mots le couple satanique
Se délecte dans son effroyable joie :
Car insensible comme le fer
Est le cœur qui bat dans leur sein.
Aussitôt, à l'aide des soufflets,
Ils excitent l'ardeur de la fournaise,
Et s'apprêtent avec un désir homicide
A recevoir la victime vouée à la mort.

Alors Robert dit au jeune page,
D'un air hypocrite et trompeur :
« Vite, camarade ! ne tarde point,
Mon seigneur te demande. »
Et le seigneur dit à Fridolin :
« Rends-toi sur-le-champ à la forge,
Et demande aux ouvriers qui sont là
S'ils ont exécuté mes ordres. »

Et Fridolin répondit : Cela sera fait.
Il s'apprête aussitôt.
Pourtant il réfléchit, et tout à coup s'arrête :
« Pourvu qu'elle n'ait rien à m'ordonner ! »
Et il se présente devant la comtesse.
« On m'envoie là bas, à la forge,
Dit-il ; que puis-je faire pour vous, noble dame ?
Car mon service n'appartient qu'à vous. »

Là dessus, la comtesse de Saverne
Reprend d'un ton plein de douceur :
« J'assisterais volontiers à la sainte messe,
Mais j'ai là mon fils malade ;
Ainsi va-s-y pour moi, mon enfant.
Dis pieusement une prière à mon intention ;
Et si tu penses avec contrition à tes péchés,
Dieu m'accordera la grâce que je lui demande. »

Et, joyeux de ce message de prédilection,
Fridolin part aussitôt.
Il n'était pas au bout du village,
Tant sa course est rapide,
Que la cloche ébranlée
Fit entendre cette éclatante sonnerie
Qui appelle les pécheurs réconciliés,
Et les invite à venir fêter le saint sacrement.

« *N'évite pas le bon Dieu*
S'il se trouve en ton chemin, »
Se dit Fridolin, et il entra dans l'église.
Elle était encore déserte et silencieuse,
Car c'était le temps des récoltes; l'ardeur du soleil
Brûlait dans les champs l'actif moissonneur,
Et l'on ne voyait paraître aucun aide
Pour servir la messe convenablement.

Fridolin est bientôt résolu :
Il servira de sacristain ;
Car, se dit-il, on ne peut retarder
Ce que le ciel commande.
Aussitôt il offre au prêtre, avec révérence,
La sainte étole, le manipule,
Et prépare diligemment les vases
Consacrés au service des autels.

Lorsqu'il eut tout disposé avec soin,
Il s'avance comme clerc
Du prêtre qui monte à l'autel ;
Et le livre de messe en main,
S'agenouillant tantôt à gauche, tantôt à droite,
Attentif au moindre signe,
Lorsque les paroles du *sanctus* se font entendre,
Il sonne trois fois pour chacune d'elles.

De même, quand le prêtre se fut incliné dévotement,
Et que, tourné vers l'autel,
D'une main puissante il éleva Dieu
Aux regards des assistans,
Le zélé sacristain annonça ce moment solennel
Par les sons éclatans de la clochette;
Tous alors se prosternèrent en se frappant la poitrine,
Et se signant pieusement devant le Christ.

Ce fut ainsi qu'il fit chaque chose ponctuellement,
Avec adresse et promptitude:
Tout ce qui concernait le service de Dieu
Semblait lui être familier.
Il ne se lassa point jusqu'à la fin de la messe,
Qu'après le *Dominus vobiscum*,
Le prêtre, se tournant vers les fidèles,
Termina en donnant la bénédiction.

Alors le jeune clerc replaça chaque chose
Dans l'ordre accoutumé;
Il nettoya proprement le sanctuaire,
Puis enfin s'éloigna;
Et avec le calme d'une bonne conscience,
Joyeux, il se dirigea vers la fonderie,
Et pendant le chemin il dit encore
Douze *pater* pour compléter un rosaire commencé.

Lorsqu'il aperçut la fumée de la forge
Et les noirs valets à l'entrée,
Il leur cria : « Ce que le comte a commandé,
Compagnons, l'avez-vous exécuté?... »
Et ceux-ci, tordant la bouche et grinçant des dents,
Lui montrèrent le gouffre embrasé,
En disant : « Cela est fait et terminé;
Le comte louera ses serviteurs. »

Fridolin rapporta cette réponse à son maître
En toute diligence.
Lorsque celui-ci le vit venir de loin,
A peine en crut-il ses yeux.
« Malheureux ! d'où viens-tu ? » —
« De la forge, mon seigneur. » — « Impossible !
A moins que tu ne te sois arrêté en route ?... » —
« Mon seigneur, seulement le temps que j'ai prié.

Car lorsque j'ai quitté votre présence
Ce matin... pardonnez...
Je suis allé d'abord demander, comme c'était mon devoir,
Les ordres de celle qui me commande.
Ils ont été, seigneur, d'entendre
La messe ; j'ai obéi avec joie,
Et de plus j'ai dit quatre fois le rosaire,
Pour votre salut et pour le sien. »

Ici le comte tomba dans un profond étonnement,
Et comme frappé d'épouvante :
« Et quelle réponse t'a-t-on faite
A la forge, parle?... »
« Mon seigneur, leurs paroles furent obscures;
Ils m'ont montré la fournaise en riant et disant:
*C'est fait et terminé,
Et le comte louera ses serviteurs.* »

« Et Robert? demanda encore le comte, tandis
Qu'un frisson parcourait ses membres,
Ne t'a-t-il pas rencontré?
Je l'avais pourtant envoyé à la forêt... » —
« Seigneur, ni dans le bois ni dans les champs,
Je n'ai aperçu la moindre trace de Robert. » —
« Eh bien! dit le comte avec consternation,
Dieu lui-même dans le ciel a jugé. »

Et, avec une bonté qu'il n'avait jamais eue,
Il prit la main du page,
Et tout ému le conduisit à son épouse
Qui ne comprenait rien à la chose.
« Cet enfant, dit-il, les anges ne sont pas plus purs !
Il mérite toutes vos bonnes grâces :
Quelque mal conseillé que nous ayons été,
Dieu l'a gardé, et ses saints l'accompagnent. »

FIN.

FRIDOLIN REÇOIT L'ORDRE D'ASSISTER À LA Ste MESSE.

Fridolin ordered to attend the holy mass

PIERROTS SERT LA MESSE

ON TROUVE DANS LA MÊME LIBRAIRIE :

GALERIE DE SHAKSPEARE, dessins pour ses œuvres dramatiques, gravés à l'eau-forte.

Ire série, **HAMLET**, 17 dessins d'après Retzsch. Un vol. in-16, sur grand raisin vélin satiné. 2 fr.

IIe série, **ROMÉO ET JULIETTE**, 12 dessins d'après Ruhl. 2 fr.

IIIe série, **LE SONGE D'UNE NUIT D'ÉTÉ**, 6 dessins d'après Ruhl. 1 fr. 50 c.

Ces publications seront suivies de celles des autres ouvrages de Shakspeare.

LE DRAGON DE L'ILE DE RHODES, 16 dessins de Retzsch, avec une traduction littérale, et vers par vers, de la ballade de Schiller intitulée : *Der kampf mit dem drachen*. Par madame Élise Voïart. Un vol. in-16, papier vélin. 2 fr.

FRIDOLIN, 8 dessins de Retzsch, avec une traduction littérale, et vers par vers, de la ballade de Schiller intitulée : *Fridolin oder der gang nach dem eisenhammer*; par madame Élise Voïart, auteur des *Six Amours*. Un vol. in-16, papier vélin. 1 fr. 50 c.

FAUST, 26 dessins de Retzsch, deuxième édition, augmentée d'une analyse du drame de Gœthe, par madame Élise Voïart. Un vol. in-16. Prix, 2 fr. 50 c.

L'analyse se vend séparément, pour les acquéreurs de la première édition, 50 c.

www.ingramcontent.com/pod-product-compliance
Lightning Source LLC
Chambersburg PA
CBHW060716050426
42451CB00010B/1464